Johann Christoph Lukas

D. Carl Friedrich Bahrdts Glaubensbekenntnis

Johann Christoph Lukas

D. Carl Friedrich Bahrdts Glaubensbekenntnis

ISBN/EAN: 9783743658226

Hergestellt in Europa, USA, Kanada, Australien, Japan

Cover: Foto ©Lupo / pixelio.de

Weitere Bücher finden Sie auf **www.hansebooks.com**

D. Carl Friedrich Bahrdts

Glaubensbekenntniß,

veranlaßt

durch ein

Kayserl. Reichshofrathsconclusum.

Methodicè beantwortet

von

J. C. L.

1779.

Geehrter und geneigter Leser!

Wäre ein Cartouche und ein Lipstullian nicht so über die Maſſen groſſe Böſewichte geweſen, ſo wären ihre Namen in der Hiſtorie nicht als Abſcheue aufgezeichnet und verewiget worden. Und als ein Heroſtratus ſeinen Namen in der Welt bekannt und berühmt machen wollte, es geſchehe nun durch das eine oder das andere, was der Heyde Gutes oder Böſes zu nennen pfleget, ſo zündete er in eben der Nacht, Stunde und Minute, in welcher Alexander M. geboren wurde, zu Epheſus den prächtigen und berühmten Tempel der Diana an: Alſo denkt mancher Böſewicht, wie auch Carl Friedrich

drich Bahrdt dencket: Recht gottlos, oder lieber gar nicht.

Jener Bußfertige und Geistlichange-fochtene, welchen ich genau kenne, der ehedem sehr nach Ehren-Aemtern und Wohlleben gestrebet hatte, betete in seiner Seelen-Noth und Angst Tag und Nacht zu GOtt, und kämpfete mit denen bösen Geistern, die ihn in die gäntzliche Verzweifelung stürtzen wollten; indem aber der Angefochtene je länger je schärfer bey Jahr und Tag kämpfete, bis er durch Christum einen herrlichen Sieg erhielt, da sagte der Satan zu ihm: "Höre! mache mir es „nicht zu sauer, da du doch einmal meine „bist, ich werde dich sonst hernach in der „Hölle desto ärger martern. Und weißt „du nicht, daß ich auch grosse Aemter und „Hofraths- und andere Ehrenstellen zu vergeben „habe? Man muß es nur treulich „mit mir halten, sich nach mir richten mei-„ne Gunst zu erwerben, und mein Reich „vermehren helfen; wer das thut, der „fähret wohl bey mir. Aber mein Reich „bauen helfen, sagte Satanas, muß man „nicht

„nicht sagen, daß es Teufel und ewige
„Höllen=Strafen giebet, sondern man
„muß ihnen dieses, und noch viele andere
„Dinge, lächerlich machen, damit die
„Menschen sicher werden, u. s. w. Demnach scheinet mir, daß dem Bahrdt, ob er sich gleich niemals mit dem Satan und seinen Engeln in einen dergleichen Streit eingelassen hat, ihm dennoch eine dergleichen Verheissung geschehen sey, welche er danckbarlich annimmt, um sich in der Höllen recht auszuzeichnen.

Kein Socinianer, kein Arianer hat es jemals so arg und lästerlich gemacht, wie Bahrdt thut! ja man kann mit Grund der Wahrheit sagen, daß dieser Ertzbösewicht ein Vorläuffer von jenen drey unreinen Geistern (eingefleischten Teufeln) ist, welche Fröschen gleichen (Offenb. 16, 13. 14.) ja wohl gar selbst ein actueler derselben ist, auszugehen zu den Königen auf Erden, und auf den gantzen Creis der Welt; (obgleich nicht allenthalben persönlich; jedennoch mit ihren Schriften und Glaubensbekenntnissen, die mit ihrem Namen unterschrieben

ben sind, welches vor GOtt eben so viel gilt,) sie zu versammlen in den Streit des grossen Tages GOttes des Allmächtigen, (Offenb. 19.) wider Christum, den **König aller Könige und HErrn aller Herren,** der bishero nur aus Heucheley und zum Schein noch ein sehr weniges bey ihnen gegolten hatte, den Krieg anzukündigen, und als Unumschränckte, die keinen Höhern über sich dulden wollen, die Waffen wider Ihn und seine Reichsgenossen zu ergreiffen und völlig auszurotten; das **Thier aus dem Meer** (oder auch **Abgrund**) aber an die Stelle Christi zu setzen, der papistischen Religion eine neue Gestalt zu geben, sollte auch gleich das grosse Summen einbringende Meß-Opfer, welches denen Pfaffen beschwerlich gewesen ist, weil sie solches ganz nüchtern bis gegen den Mittag verrichten, abgeschaffet werden müssen; dagegen aber andere Geld einbringende Mittel ausfündig zu machen; wiewol der Name: **Christliche Kirche oder Religion; Christus,** von welchem der Pabst sich Statthalter nennet, als ein Gaukel-Spiel beybehalten werden kann.

kann. Solche Veränderung geschiehet vermittelst des Mahlzeichens des Thieres aus dem Meer und der Anbetung des Bildes des Thieres, welches Bild durch die Würckung des Satans redet, und grosse Zeichen thut, wodurch eben die Menschen zu einem solchen erschrecklichen Abfall verführet werden, daß sie dem Thiere anhangen, und mehr als jemals vergöttern. Und ein solch Mittel ausfündig zu machen, (welches Mittel doch schon über 1700. Jahr in der Offenb. 13, 11=18. aufgezeichnet stehet,) wodurch eine einige und allgemeine Religion bewerckstelliget werden möchte; darum ersuchet auch dieser Bahrdt ganz demüthig einen K. K. Josephus am Ende dieses seines Memorials, ohne daß er weiß, daß er hiemit die Weissagung, wovon er ein Feind und Spötter ist, erfüllet.

Wer die Weissagungen des Neuen Testaments hochschätzet, und im göttlichen Lichte fleißig darinnen studiret hat, wird ohne meinen hier gegebenen Winck, von selbst einsehen, von wem Bahrdt als Missionarius ausgesendet, und was für ein

Geschäfte ihm aufgetragen sey; Wir müßen jetzt nur mit Geduld erwarten, die Würckungen und Folgen welche die Lehren und Glaubensbekenntniße solcher Bösewichte wie Bahrdt ist, deren die Welt nun voll ist, haben werden, und wollen jetzt hier mit Erstaunen betrachten, wie hoch die Bosheit und Ruchlosigkeit eines Menschen, der sich gleichwohl der Welt in Lehre und Leben als ein nachahmungswürdiges Muster darstellet, steigen kann, denn also spricht und schreibet ein frecher und verwegener Bahrdt:

An
Se. Römisch-Kayserl. auch in Germanien und zu Jerusalem Königl. Majestät

alleruntertbänigst übergebene

Erklärung

und

Bekenntniß

zufolge

höchstvenerirlichen Reichshofrathsconclusi

vom 27. Merz 1779.

Allerdurchlauchtigster,
Großmächtigster und Unüberwindlichster Kayser,
auch in Germanien und zu Jerusalem König.

Allergnädigster Kayser, König und Herr Herr!

Ew. Kayserl. Majestät haben, aus einer vom Reichsbüchercommissarius von Scheben, wegen meiner Uebersetzung des Neuen Testaments, unter dem Titel: Die neusten Offenbarungen GOttes, geschehenen Anklage, vermittelst eines höchstvenerirlichen Reichshofrathsconclusi vom 4. Februar 1778. Sr. Churfürstl. Durchlaucht zu Pfaltz die Einziehung der noch vorfindlichen Exemplarien des gedachten Buchs und dem Büchercommissarius die Einholung theologischer Gutachten von Göttingen und Würtzburg anzubefehlen, zugleich aber meine einstweilige Amtssuspension und die Einstellung alles auf Religion bezughabenden Lehrens und Bücherschreibens

ſchreibens zu verordnen, und hierauf, durch ein zweytes Concluſum vom 27 Merz a. c. mit Verwerffung meiner allerunterthänigſten Bitte um Communikation der Klage und Vernehmung meiner weitern Vertheidigung, mich meines Amtes, ſo mir der mit den Epiſcopal-Gerechtſamen verſehene proteſtantiſche Reichsgraf von Leiningen Dagsburg übertragen hatte, und um deſſen Fortſetzung meine Gemeine Ew. Kayſerl. Majeſtät flehentlich gebeten hatte, gäntzlich zu entſetzen, und mir alles Lehren und Bücherſchreiben auf immer zu verbieten, anbey aber ſub poena einer gäntzlichen Verweiſung aus den Gränzen des H. R. Reichs, eine über meine wahren und nach dem Vorgeben meiner Kläger hinter ſo zweydeutige Ausdrücke verſteckten Lehrſätze abgefaßte Druckſchrift und Bekänntniß der Gottheit Chriſti und der H. Dreyeinigkeit, in termino duorum menſium, mir aufzulegen ſich allergnädigſt bewogen geſehen.

Wie ich nun beyden höchſtvenerirlichen Concluſis mich ſogleich demüthigſt unterworfen, auch mein Amt bereits verlaſſen, und alles, was mir, meiner Gattinn und vier kleinen unerzogenen Kindern bisher Quell des Unterhalts und der Verpflegung geweſen war, ſo gar mein im Gräflichen

Leinin=

Leiningischen Schlosse Heidesheim mit einem Aufwande von mehr als 6000 Rthlr. errichtetes und von tausend gutdenckenden Menschen gebilligtes Erziehungsinstitut mit dem Rücken angesehen, und ohne alle bestimmte Aussichten, mich in ein ander Land gezogen habe; also eile ich nunmehro auch noch diejenige Erklärung und Bekenntniß meiner Lehrsätze, Ew. Kayserlichen Majestät zu Füßen zu legen, welche Allerhöchstdieselben von mir zu fordern geruhet haben.

Ew. Kayserlichen Majestät großer, durchdringender Geist und erhabenes, huldvolles, gerechtigkeitliebendes Hertz, beydes so allgemein verehrt, läßt mich hoffen, daß Allerhöchstdieselben meine allerwilligste Unterwerffung mit Gnaden und Wohlgefallen vermercken, und meine nachstehende offenherzige Erklärung nach den Gesetzen der Menschenliebe und der christlichen Duldung aufnehmen und beurtheilen werden.

Ich finde mich aber zu einer so offenherzigen und freymüthigen Erklärung jetzo verpflichteter als jemals. Denn wenn ich in meinen zeitherigen Schriften, besonders in denen, welche das Unglück hatten, meinen Klägern und Richtern zu mißfallen, mich ja einiger zweydeutigen und nicht genug bestimmten Ausdrücke bedienet habe, um der Schwachen zu schonen, und nicht, durch übereilte Bekanntmachung meiner Einsichten in Dingen, die nach meiner Ueberzeugung das Wesen der Religion nichts angehen, den Nutzen und Eindruck zu schwächen, den ich durch einen guten Vortrag der mir wesentlichen Religionswahrheiten stiften zu können glaubete; so ist es gegentheils, bey diesem meinem Bekenntniß, unverletzliche und heilige Pflicht, meine Ueberzeugungen frey und ohne alle Zurückhaltung, offenherzig zu entdecken, und meinen allerhöchsten Richter die reinste Wahrheit aus dem innersten meines Herzens vorzulegen, gewiß, daß Ew. Kayserlichen Majestät, den ehrlichen Mann, der mit Muth und Entschlossenheit, erkannte Wahrheit sagt, mit mehr Gnade anblicken werden, als den Heuchler, der, um des Brods willen, seinem Regenten leugt, und mit Verletzung seines Gewissens Menschengunst zu erschleichen sucht.

Ich gestehe also, daß ich schon seit einiger Zeit überzeugt gewesen, es enthalte unser protestantisches Religionssystem Lehrsätze, welche weder in der Schrift noch in der Vernunft einigen Grund haben, und die theils der Gottseeligkeit schaden, theils, durch ihr der Vernunft Anstößiges, die
Quelle

Quelle des Unglaubens und der Religions-
verachtung bey Tausenden sind.

Anmerckung: Giebet es in der protestantischen Religion alten papistischen Sauerteig,
als auch neuen Unflat, welchen man einge-
führet hat, welches nicht zu leugnen ist,
welcher schon längst hätte ausgefeget werden sollen, und ist strafbar genug, daß
man hierinnen so unlauter gehandelt hat;
so sind es doch nicht die allerwesentlichsten
Puncte einer christlichen Religion, an welchen ein heilloser Bube, ein Doct. Bahrdt,
sich vergreiffet und abgeschaffet wissen will,
auch so gar die zweyte und dritte Person
der Gottheit, wie wir hernach hören werden.

Unter diese Lehrsätze rechne ich: Die —
von der Erbsünde — von der Zurechnung
der Sünde Adams — von der Nothwen-
digkeit einer Gnugthuung — von der blos
und allein durch den Heiligen Geist in dem
sich leidend verhaltenden Menschen zu be-
würckenden Bekehrung — von der ohne alle
Rücksicht auf unsere Besserung und Tugend geschehen sollenden Rechtfertigung des
Sünders vor GOtt — von der Gottheit
Christi und des Heiligen Geistes im Atha-
nasianischen Sinn — von der Ewigkeit der
Höllenstrafen — und einige andere.

Anmerk.

Anmerk. Alle diese Puncte leugnet Bahrdt mit der grüßten Schamlosigkeit, Frechheit und Dreistigkeit, als ob er die gerechteste Sache von der Welt hätte. Auch leugt Bahrdt hier schändlich, indem er spricht, daß überhaupt von allen evangelischen Lehrern gelehret werde, daß der Mensch in seiner Bekehrung sich blos leidend verhalten und nicht mit würcken müße; sondern nur den Heiligen Geist würcken laßen, welchen Bahrdt mit seinen Würckungen leugnet; dahero machet Bahrdt diesen Schluß; weil man sich in der Buße blos leidend dem Heiligen Geist und seinen Würckungen überlaße, da es doch keinen Heiligen Geist gebe, so bleibe der Mensch aus Selbstbetrug unbekehrt und ungebeßert, wie wir hernach hören werden.

Ich habe zwar, wie es von einem D. Theol. Augustanæ confessionis ohnehin zu erwarten stehet, gegen diese vorgedachten Lehrsätze — vor dem Volk — (weder in Predigten noch Catechisiren,) niemalen directe gelehret, sondern sie entweder gar übergangen oder doch so davon gesprochen, daß ihr schädliches abgesondert, und ihr irriges gemildert worden: (davon meine Predigten über die Person und das Amt JEsu ein Beyspiel sind:) folglich bin ich auch

auch noch nie von den eigentlichen Verpflichtungen eines protestantischen Lehrers abgewichen, sondern habe mit Klugheit und Vorsicht die Gesetze des Staats mit der Gewissensfreyheit zu vereinigen gesucht: — fest überzeugt, daß streitige Religionspuncte nie in den Volcksunterricht gehören, und daß folglich auch von solchen kirchliches Lehramt verwaltet werden kann, welche von der Systemsreligion in ihren Ueberzeugungen abweichen, dagegen aber desto eifriger an der reinen Christusreligion halten, und dieselbe gründlich vorzutragen wissen.

Anmerk. O greuliche Zeiten! in welchen solche höllische Ungeheuer aufstehen, die mit satanischer Bosheit, List und Schalckheit ausgerüstet sind, zu verführen in den Irrthum, wo es möglich wäre, auch die Auserwählten! welche vorgeben, daß sie Christum und sein Evangelium predigten; da sie doch Christum mit seiner Lehre gäntzlich verwerfen, und in ihren Predigten, nach des Satans Art, ihre Worte so einzukleiden und auf Schrauben zu stellen wissen, daß der Zuhörer aus ihrem schönen Wortspiel nicht klug werden kann noch soll, wie Bahrdt sich selbst hier verräth. Und so giebet es noch viel tausend andere Schälcke, Lügner und Betrüger seines Gleichen, die sich

sich mit dem Munde rühmen, daß sie eifrigst an der reinen Christusreligion hielten, und dieselbige gründlich vorzutragen wüßten, wie Bahrdt sich hier rühmete; welcher doch in diesem seinem Glaubensbekenntniß hin und wieder mit klaren Worten den HErrn Christum für einen schlechten Menschen hält, dessen Verdienst keinem andern Menschen etwas nützen könne; ja der verfluchte Mensch hält vielmehr den HErrn Christum mit seinem Leben, Lehren, Thun und Leiden für einen Lügner, Betrüger, Verführer und für einen prahlerischen Marckschreyer. Also ist es die äußerste Spötterey, wenn der heillose Bube hier dann und wann von einer Christus= oder JEsus=Religion redet. Solche Spötter und Lästerer erfüllen die Weissagung Pauli, 2 Tim. 1, u. f. 1 Tim. 4, u. f.

Ich muß es also nun schon ferner wagen, bey dieser mir zur Pflicht gemachten öffentlichen Erklärung meiner Privatüberzeugungen freymüthig zu gestehen, daß ich die oberwähnten Lehrsätze, nach meiner geringen Einsicht für schriftwidrig halte und als die Quellen eines doppelten Uibels ansehe.

Einmal empören sie die gesunde Vernunft, und haben so wenig Beweise für sich, daß es kein Wunder ist, wenn zu al=

B   len

len Zeiten, der selbstdenckende und prüfende Theil der Menschen, dieselben anstößig fand, und wenn die meisten davon, um jener Lehrsätze willen, welche die auf ihren Posseß trotzende Geistlichkeit, (die eben nicht immer das Vorurtheil der Gelehrsamkeit, Geistesstärcke und der kaltblütigen Prüfungsgabe für sich gehabt hat,) die Welt als alleinseligmachende Glaubenswahrheiten aufdringen wollte, die gantze Religion verwarf. (Bahrdt hat in seiner Raserey nicht deutlich genug geredet; er hätte sagen sollen: die Welt, **welcher man diese Lehrsätze als allein seligmachende u. s. w.**) Daher man jene Lehrsätze mit Recht als den Hauptgrund des überall einreissenden Unglaubens ansiehet, welcher sich von den Höfen bis in die Hütten des ärmsten Volcks ausbreitet, und bald alle Religion in der Welt verdrängen wird, wenn dem Uebel durch keine andere als gewaltsame und freyheitkränckende Mittel gesteuert wird. (Auch aus diesem letzten undeutlichen Phrasis erkenne ich, daß Bahrdt mit aller seiner Philosophie und Redekunst ein verworrener Kopf und Narre ist, denn es sollte heissen auf gut Teutsch: "Wenn dem Uebel nicht durch ge„waltsame und Freyheit befördernde Mittel „gesteuert wird.")

Anmerk.

Anmerk. O ihr Wächter des Evangelischen Zions! was für ein Gericht habet ihr euch durch eure allzugroße Gelindigkeit und strafbares Nachsehen gegen eure bösen Amts-Brüder zugezogen, weil ihr ihre Bosheiten in Lehre und Leben entweder wenig oder gar nicht nach Gebühr bestrafet und den Bösen und Aergerlichen nicht als einen Schandfleck gantz aus der Kirche verbannet und für einen Heyden erkläret habet, so lange er sich nicht bessert! Ein Bahrdt wurde gestraft, aber nicht genug; zu der einen Kirchthüre jagte man ihn hinaus, zu einer andern lief er wieder hinein. Ihr wolltet euren Orden bey jeder Gelegenheit aufs äusserste vertheidigen, und aus denen ärgsten Schälcken unfehlbare Päbste machen; so müßen nun, euch zur Strafe, solche Geister mitten unter euch aufstehen, welche die protestantischen Lehrer bey unseren Widersachern aufs bitterste verklagen und der gantzen Religion die größte Schande anthun, und bey denen Gewalthabenden flehentlich anhalten, die Ausrottung derselben durch gewaltsame Mittel zu befördern.

Und eben so gewiß scheint es mir, daß die meisten der obgedachten Lehrsätze der Tugend und Gottseligkeit schaden. Denn so bald man die Menschen überredet, daß

z. B. a) jeder von Natur und von Mutterleibe an mit allen Neigungen zu allem Bösen behaftet und ein gebohrner Feind Gottes ist; daß er b) zur Befreyung von diesem Elende und zur Besserung seines Herzens und Lebens nichts wircken könne, sondern lediglich den Beystand des Heiligen Geistes dazu erflehen müste; daß GOtt c) auch auf alle gute Wercke des Menschen und auf allen seinen Eifer in der Gottseligkeit nichts rechne, sondern Vergebung der Sünden und ewige Seligkeit ihm schencke, nicht, wegen seiner Besserung und Tugend, sondern wegen eines für unsere Sünde geschehenen Menschenopfers und wegen der an unserer statt geleisteten Tugend des Geopferten — wenn man, sage ich, die Menschen dergleichen überredet; so ists unmöglich, daß ächte Reue über die Sünde und Abneigung gegen das Laster entstehen kann; so ists unvermeidlich, daß das Hertz gegen die Tugend kalt und gleichgültig werde, und aller Eifer der Gottseligkeit ermatte; und es lehrts auch leider die Erfahrung genug, daß das heutige Christenthum fast alle Kraft zur Heiligung der Menschen verlohren hat, und daß seine Zöglinge in Absicht auf Tugend und Glückseligkeit oft sehr weit hinter einen auch nur gemeinen Heiden stehen. Anmerk.

Anmerk. Hier sehen wir den Eifer für die reine Christusreligion und den gründlichen Vortrag derselben, wovon der verfluchte Spötter und Lästerer p. 11. redete, da doch derselbe hier mit klaren Worten Christum mit seinem Versöhn=Opfer, als auch den Heiligen Geist, mit seinem kräftigen Beystande zur Busse, Bekehrung und Heiligung, verwirft und lästert; den Fall Adams und die Erbsünde leugnet, und daß wir also nie einen Erlöser, Versöhner und Seligmacher nöthig gehabt hätten; und daran sey eben diese bisher vorgetragene heillose Lehre Schuld, daß das Christenthum alle Kraft zur Heiligung verlohren habe, weil man sich auf ein fremdes Menschen=Opfer und Tugend für seine Sünden, und auf die Würckung eines Heiligen Geistes zur Bekehrung, Besserung und Tugend, verlassen, aber auch zugleich sich schändlich betrogen habe; der Mensch müsse durch seine eigene Besserung und Tugend GOtt versöhnen, u. s. w. O gantz erschreckliche Lästerungen! Lästerungen, die aller Arianer ihre übertreffen! Denn dieser verfluchte Mensch giebet Christum und dem Heiligen Geist, der bisher war geprediget worden, alle Sünden und Laster Schuld, die in der v.rdorbenen Christenheit herrschen, und daß die

die Zöglinge dieses Christenthums oft lasterhafter und unglückseliger wären, als ein auch nur gemeiner Heyde; da man doch Christum und seinen uns erworbnen Geist, als auch den Fall Adams und des gantzen menschlichen Geschlechts nicht sattsam noch mit Ernst, Eifer und Nachdruck geprediget hat; denn wenn dieses geschehen wäre, wie es die reine protestantische Lehre fordert, so würde es besser itzo um die Heiligung der heutigen Heuchel-Schein= und Maul-Christen aussehen.

Ach, allergnädigster Kayser, König und Herr! wie blutet mir das Hertz, wenn ich dencke, wie werth, wie hochgeachtet das Evangelium JEsu Christi unter den aufgeklärtesten Menschen in allen Welttheilen seyn könte, was für Siege es über Unglauben und Laster erringen, wie gantz anders als bisher es auf die Besserung und Heiligung der Menschen wircken, und was für in die Augen fallende Einflüsse auf Moralität und Glückseeligkeit dasselbe zeigen würde, wenn es von allem Unrath menschlicher Hypothesen und Meynungen gereiniget und zu seiner ursprünglichen Lauterkeit und Einfalt zurückgeführt würde.

O möchten doch Ew. Kayserl. Majestät von GOtt auserkohren seyn, alle diejenigen vor der Wuth der Verfolgung zu schützen,
welche

welche Kraft und Muth haben, an diesem grossen Anliegen der Menschheit zu arbeiten, den unübersehlichen Wust der Systemsreligion zu untersuchen, und das reine Gold der göttlichen und seligmachenden Christusreligion wieder herauszufinden.

Verweis. O daß du Spötter und Lästerer verdammt wäreſt mit deinem Evangelium des alten Drachens! von dir lästerlich betittelt: Evangelium JEſu Chriſti; und vermaledeyet seyſt du mit deinem reinen Gold der göttlichen und seligmachenden Christusreligion.

Möchte unter Allerhöchſtdero Regierung der Tag anbrechen, da in dem chriſtlichen Europa alle die für Chriſten gehalten und in den Rechten des Staats und der Menschheit geschützet werden, **welche JEſum Chriſtum verehren und seine Lehren befolgen** — ohne gezwungen zu ſeyn, ſich Kefiſch oder Pauliſch oder Papiſch oder Calviniſch oder Lutheriſch zu nennen und auf Menschen Wort zu schwören.

Und möchten doch Allerhöchſtdieſelben geruhen, mit Langmuth und Schonung auf mich unſchuldig Verfolgten vom Thron der Majestät herabzublicken, und nun mein Glaubensbekenntniß in Gnaden von mir anzunehmen.

B 4

Was

Was ich glaube und nicht glaube.

I.

„Ich glaube, daß ich und alle Menschen
„Sünder sind, welche der Gnade und Er-
„barmung GOttes bedürfen. Daß aber
„dieses (daß wir Sünder sind) uns ange-
„bohren sey, und daß alle Menschen mit der
„Neigung zu allem Bösen auf die Welt
„kommen, daran zweifele ich. Vielmehr
„scheinen mir die Menschen an ihrem Ver-
„derben selbst Schuld zu haben. Denn
„ich bemercke in ihnen von Natur so viel
„herrliche Anlagen zur Tugend, so viel an-
„gebohrne, edle Gefühle und Neigungen,
„daß vieleicht nur eine andere Erziehungs-
„methode und von Tyranney und Luxus
„mehr entfernte Lebensart nöthig wäre, um
„der Menschheit ihre ursprüngliche Güte
„wieder zu geben.„

Sehr strafbar würde diejenige Gelindigkeit und Höflichkeit seyn, welche man für einen der ärgsten Gotteslästerer und Verläug-
ner haben wollte, zur Zeit da man ihm das
Ius Talionis, das Wiedervergeltungs-Recht
auf seinen Scheitel zurück fallen lassen sollte.
Und derjenige, der ein solch Verfahren nicht
billigen wollte, würde sich sehr verrathen, daß
er es noch mit der Welt und nicht mit GOtt
halte,

halte, und daß er nichts weiß von einer brünstigen Liebe zu GOtt und von einem brennenden Eifer die beleidigte Ehre der Majestät GOttes zu retten und bis aufs Blut zu vertheidigen, und daß er also unter die Furchtsamen gehöre, die um GOttes Ehre willen nichts thun noch leiden wollen; welche Furchtsame unter denen andern Greulichen, Offenb. 21, 8. obenan stehen, welchen ihr Theil seyn wird im See der mit Feuer und Schwefel brennet; darum will ich lieber als ein treuer Zeuge der Wahrheit, man wolle oder wolle nicht, meinen Mund weit aufthun und von Hertzensgrund sagen:

Verweis: Höllische Schlangenbrut, du glaubest und sprichst, daß du und alle Menschen Sünder sind, welche der Gnade und Erbarmung GOttes bedürfen. Daß aber dieses (daß wir Sünder sind) uns angebohren sey, und daß alle Menschen mit der Neigung zu allem Bösen auf die Welt kommen, daran zweifelst du. Vielmehr scheinen dir die Menschen an ihrem Verderben selbst Schuld zu haben. Denn sprichst du, du bemerckeset so viele herrliche Anlagen zur Tugend die von Natur im Menschen lägen, so viele angebohrne, edle Gefühle und Neigungen, daß vielleicht nur eine andere Erziehungsmethode und von Tyranney

B 5 und

und Luxus mehr entfernte Lebensart nöthig wäre, um der Menschheit ihre ursprüngliche Güte wieder zu geben. Ey! verzeihen sie mir, heilig zur Welt gebohrner, und mit so viel von Natur herrlichen Anlagen zur Tugend, und angebohrnen, edlen Gefühl und Neigung auf die Welt gekommener heil. Hr. Doct. die sie in Leipzig in die Huren-Häußer trieben, die Bordel-Huren darinnen zu schwängern, ich sage, verzeihen sie mir, daß hier mein erstes Wort an sie war: Höllische Schlangen-Brut! Aber was ist zu thun? Es ist mir einmal entfahren, so mag es denn nun auch so dabey bleiben.

Und wenn nur eine andere Erziehungsmethode nöthig ist, um der Menschheit ihre ursprüngliche Güte wieder zu geben! so sage mir doch, du fromm und heilig zur Welt Gebohrner, was für gottlose Eltern haben dich denn auferzogen, daß dein dir angebohrnes edles Gefühl und Neigung, und die in dir von Natur liegende herrliche Anlagen zur Tugend dich in Leipzig, da du dich schon in ein Predigt-Amt hinein gelogen, gestohlen und hinein geschmeichelt hattest, verkleidet in die allerinfamesten Bordel-Häuser hinein trieb, und die jedermans Huren schwängertest, weswegen du auch vor Gericht angeklaget, davon überzeuget und auch deswegen vom Amt verstoßen,

stoßen, und ceremonialiter als ein Huren=
Schelm zur Kirche hinaus gestoßen wurdest?
Ja, Hr. Doctor in des Drachens Gelahr=
heit, ich reime ihnen gerne ein, daß die
vortrefflichsten Anlagen zu allen Bosheis
ten in ihrer schwartzen Seele anzutref=
fen, und so auch die größten Anlagen zu
denen greulichsten Gotteslästerungen und
zur Verwerffung der zweyten und drit=
ten Person des Dreyeinigen GOttes in
dir und in diesem deinem 1. Paragraphus
zu finden sind.

Und obgleich der Erzbösewicht D. Bahrdt
hier in seinem 9. Paragraphus sich erfrechet,
die göttlichen Schriften Neues Testaments für
ein Buch zu erklären, welches eben so wohl
Lügen als Wahrheiten in sich halte, daß al=
so bey jeder Gelegenheit alles, was nicht in
seinen Lügen=Kram taugt, für ihm ertichtete
Lügen heißen müßen, so muß ich dennoch die
vom Heiligen Geist gemachte Abschilderung
von denen herrlichen Anlagen zu allen Tugen=
den, und die so vielen angebohrne, edle Ge=
fühle und Neigungen der noch unbekehrten
Menschen, wie Er sie im alten Testament durch
den Psalmisten, als auch im Neuen Testa=
ment durch den Apostel machet, anführen,
Röm. 3, v. 10-18. lautet es also: Da ist
nicht der gerecht sey, auch nicht Einer;

v. II.

v. 11. Da ist nicht der verständig sey; da ist nicht der nach GOtt frage; 12. Sie sind alle abgewichen, und allesamt untüchtig worden; da ist nicht, der Gutes thue auch nicht Einer; 13. Ihr Schlund (ihre Kehle) ist ein offen Grab, mit ihren Zungen handeln sie trüglich, Otterngift ist unter ihren Lippen; 14. Ihr Mund ist voll Fluchens und Bitterkeit; 15. Ihre Füße sind eilend Blut zu vergießen. 16. In ihren Wegen ist eitel Unfall und Herzeleid; 17. Und den Weg des Friedes wissen sie nicht; 18. Es ist keine Furcht GOttes vor ihren Augen. Wohlan! du ruchloser Bahrdt, und alle die mit dir gleich gesinnet sind, meynet ihr etwa diese gantz besondere natürliche Anlagen zu allen Lastern, Greueln und Schandthaten im Menschen, die durch eine besondere Erziehungsmethode zu ihrer völligen Grösse und Reife müßten gebracht werden, wie an einem Bahrdt wahrzunehmen ist?

2. „Ich glaube, daß der Mensch, so wie er „alles Gute GOtt zu verdancken hat, auch „all sein moralisches Gute, was in ihm ist, „der Gnade GOttes schuldig sey. Daß „aber GOtt die Besserung der Menschen „selbst wircke und der Mensch nichts thue, „als GOtt stille halte, ist wider die Schrift, und

„und beruhet dieser Irrthum größtentheils „auf dem Wort Gnade, welches die meis„sten Lehrer der Kirche bisher gemißdeutet „haben.„

Verweis: Lügner und Betrüger was raisonirest du denn? welcher rechtschaffene evangelische Lehrer hat wohl jemals gelehret, daß ein Mensch in der Bekehrung und in der Heiligung nur als ein todter Kloß GOtt stille halten und nicht mit würcken müße? Daß aber GOtt der Anfänger und Vollender unserer Bekehrung, unseres Glaubens und folglich auch unserer Seligkeit ist, vermittelst seines Wortes, indem der Heilige Geist durchs Wort, welches wir hören oder selbst lesen, den ersten Buß-Gedancken in uns würcken, vom Sünden-Schlaf aufwecken, und den wahren lebendigen und seligmachenden Glauben in uns anzünden muß, wenn wir nicht in Sünden todt bleiben wollen; dieses können nur ruchlose Bösewichte und üppige Huren-Hengste, wie ein Bahrdt ist, die nichts mit dem HErrn Christo und noch vielweniger mit dem Heiligen Geist wollen zu schaffen haben, mit Schmähen, Spotten und Lästern leugnen. Es bleibet also eine fest gegründete und in GOttes Wort unumstößliche Wahrheit, daß der Heilige Geist der Anfänger einer gründlichen Buße und Sinnes-Aenderung ist, indem Er durchs
Gesetz

Gesetz dem Sünder das Gewissen rege machet, daß er zerschlagenes und geängstetes Geistes wird, u. s. w. von welcher Hertzens-Buße ein ruchloser Bahrdt und viele tausend andere mit ihm nichts wissen wollen; aber diesen heilsamen Würckungen des Heiligen Geistes muß man nicht widerstehen mit einem ruchlosen und epicurischen Leben, wie Bahrdt führet, welches eben die Sünde wider den Heiligen Geist wäre (Matth. 12, 31. 32. Weish. 1, 4. ꝛc. Ap. Ges. 7, 51.) sondern den ersten guten Gedancken, den Er durchs Wort in dem noch unbekehrten Menschen gewürcket hat (welches man die vorlauffende Gnade nennet,) wohl anwenden, und zufahren, sich nicht mit Fleisch und Blut besprechen, ob es beym Buße thun auch erlaubt sey zu huren, zu buben, zu lügen und zu betrügen, wovon Bahrdt ein Handwerck gemacht hat; sondern so gleich die Hand ans Werck legen, alle Götzen von sich werfen, und GOtt hertzlich bitten muß, daß Er aus Barmhertzigkeit und Gnaden das Werck der Bekehrung in ihm anfangen und vollführen, durchs Gesetz sein sündliches Verderben ihm zu erkennen geben, und Reu und Leid darüber würcken wolle; Welches alles aber unsere heutige verfluchte Arianer leugnen, weil sie keine zweyte und dritte Person der Gottheit glauben, also können auch diese glückselige Leute,

ihrer

ihrer Meynung nach, dem Heiligen Geist nicht widerstreben, nicht wider Ihn sündigen noch Ihn lästern, haben auch nicht nöthig um den verheissenen und so theuer erworbenen Beystand des Heiligen Geistes zu bitten, weil sie es für Fabeley und Lügen halten was stehet, Matth. 7, 7=11. Luc. 24, 49. Joh. 14, 26. Cap. 15, 26. Daß sie also Christum einen Lügner, Prahler und Betrüger schelten; welchen verfluchten Gotteslästerern aber düncket, daß sie mit ihren von Natur herrlichen Anlagen, aber nur zu allen Bosheiten, sich selbst genug gewachsen zu seyn, der Menschheit ihre ursprüngliche Güte wieder zu geben, und in der Welt scheinende Lichter zu seyn; Aber ein wahrer bußfertiger Sünder, der einen redlichen Vorsatz hat sich von Herzen zu GOtt zu bekehren, und welchem sein böß Gewissen aufgewachet und dem die ganze weite Welt zu enge ist, (ich rede aus der Erfahrung) und vor dem Richterstuhl GOttes, (der auch in seinem Gewissen ist,) ist gefordert worden, diesem ist gantz anders zu Muthe; weil er eine so große Sünden=Schuld von viel tausend Pfunden an eine beleidigte heilige Majestät GOttes bezahlen soll, und hat doch gleichwohl keinen Heller dazu, dem Schuld=Herrn völlig Gnüge zu leisten. Wenn es nun zu dieser heilsamen Seelen=Angst und Noth gekommen ist, und

daß

daß man nichts als Fluch und Verdammniß in seiner Seele und Gewissen empfindet, alsdenn läßet der Reue und Leidtragende das Gesetz fahren, und hält sich ans trostreiche Evangelium, das voller Verheissungen der Gnade GOttes ist, durch welches der Heilige Geist Christum verkläret, und dem Sünder denselben höchst nöthig machet als seinen Bürgen, der für seine Sünden-Schuld vollkommen, ja überflüßig bezahlet habe; Diesen Bürgen, Mittler und Erlöser ruffet er an, daß Er doch aus Barmherzigkeit und Gnaden und um sein bitter Leiden und Sterben willen, ihm seine Sünden vergeben, und sein Fürsprecher bey dem Vater seyn wolle, daß Er nicht mit ihm ins Gericht gehen; sondern das theure Verdienst Christi seines lieben Sohnes für seine Sünden-Schuld annehmen wolle! Hier darf aber der Bußfertige GOtt dem Heiligen Geist nicht vorgreiffen, daß er sich selbst absolviren wolle durch Zerstreuung, durch Unterlassung des Bittens und Bettelns, und durch andere falsche Kunstgriffe suchen die Angst in seinem Gewissen los zu werden, und aufhören wolle ein armer Bettler vor GOtt zu seyn, wodurch man das Uebel nur ärger machen würde; sondern der Reu und Leidtragende Sünder muß so lange fort fahren mit Bitten und Betteln um Vergebung der Sünden ums Verdienst Christi

Christi willen, und nicht müde werden, bis er im göttlichen Gericht von allen seinen Sünden, groß und klein, auf ewig absolviret wird, und Trost, und Friede in seiner Seelen empfindet, welches der Heilige Geist vermittelst des Wortes und der Sacramente würcket; daß der Gerechtfertigte nun der Gnade GOttes in seiner Seele so überzeuget ist, daß er drauf schwören kann er sey gerechtfertiget, er sey ein begnadigtes Kind GOttes. Ich, als ein Zeuge dieser Wahrheit, rede aus der Erfahrung. Nun verfluchet der Gerechtfertigte alle Sünden und Ungerechtigkeiten auf ewig und hat einen großen Abscheu davor, durch welche er einen so heiligen und gerechten, barmhertzigen und gnädigen GOtt so sehr beleidiget, und den HErrn Christus gekreutziget, sich selbst auch so viel Angst und Hertzeleid dadurch zugezogen hatte. Nun mag ein solcher für alles in der Welt nicht die geringste Sünde mit Wissen oder Willen begehen, und noch vielweniger vorsetzlich mit D. Bahrdten in die Huren-Häußer gehen, aus Antrieb der angebohrnen viehischen Gefühle, Neigungen und Triebe und Anlagen zu allen Lastern; mag auch nicht mehr, wie Bahrdt, Leute belügen und betrügen, u. s. w. sondern es fähret nun der Gerechtfertigte mit allem Ernst und Eifer fort in der Heiligung; und wollte wohl lieber tausend sein Leben verlieren, wenn er sie hätte, als daß er nur ein einziges mal seinen lieben GOtt und Wohlthäter nur im Geringsten vorsetzlich beleidigen wollte! Mercket er, daß er es aus Schwachheit im mindesten, auch nur mit einem Wort versehen hat, so schmertzet ihm dieses weit mehr als alle andere Schmertzen, und hält so lange mit Bitten um Vergebung dieses Fehlers an, bis ihm solches um Christi willen vergeben ist, und wieder Friede und Trost in seiner Seele und Gewissen empfindet. Und solche Gnaden-Züchtigungen wegen begangenen Fehlern, machen einen Anfänger im Christenthum immer vorsichtiger, bis er nach und nach lernet gewisse Schritte thun (1 Joh. 2, 12=14.) Ey! Ihr Lügner, Betrüger und Verführer, heißet denn dieses sich als ein Kloß verhalten, da der Mensch die Hände in Schoos leget, und GOtt allein des Menschen Besserung und Seligkeit im Schlaf und Traum würcken solle? Nein, ihr Lügner, der Buß-Kampf ist ein harter Kampf, wo einem der Schlaf aus den Augen gewischet wird; aber dennoch bleibet GOtte allein aller Ruhm, Danck, Lob und Ehre, der aus Gnaden in uns würcket beyde das Wollen und Vollbringen. Phil. 2, 15.

3. „Ich glaube, daß uns GOtt aus „blosser Gnade unsere Sünden vergiebet,
und

„und daß unsere Tugend und unser Eifer
„im Guten, da er selbst im Grunde Wohl-
„that GOttes und mit so viel Mängeln
„und Unvollkommenheiten beflecket ist, ei-
„ner gantzen Ewigkeit voll Lohn und Se-
„ligkeit nicht werth sey: Daß aber doch un-
„sere Besserung und Tugend auf der einen
„Seite die Bedingung sey, unter welcher
„uns GOtt Vergebung der Sünde und
„ewige Seligkeit um Christi willen (d. h.
„weil er diese Gnadenschencke allen Tugend-
„haften durch JEsum Christum verheissen
„und versiegelt hat) ertheilet, und daß sie
„auf der andern Seite die natürliche Quelle
„der höchsten Seligkeit ist, aus welcher die-
„selbe von selbst erfolget. Daß aber GOtt
„blos um eines Menschenopfers willen mir
„meine Sünden vergebe und um einer frem-
„den Tugend willen die Flecken der mei-
„nigen übersehe, das ist wider meine Ver-
„nunft, und habe ich auch nie etwas davon
„in h. Schrift gefunden.„

Verweis. Ey! Herr Doctor, wie sehr
viele Verbindlichkeit ist der HErr Christus
Ew. Hochehrwürden schuldig, daß sie bey allen
Ihm angethanen Lästerungen und Herabse-
tzung von allen seinen Aemtern Ihn dennoch etwas gelten lassen, welches Er bey seinem Vater
wird zu rühmen wissen, weil sie Ihn wie ei-

nen andern natürlichen Menschen zu einem Bothen=Läuffer machen, welchen GOtt nur dazu gesendet habe, denen Tugendhaften die Gnadengeschencke für ihre Mühwaltung zu verheissen und zu vergewissern, und daß GOtt ihnen um ihrer Selbstbesserung und Tugend willen, die sie aus eigenen Kräften würcken, ihre Sünden vergebe und die ewige Seligkeit ertheile, Kraft der Verheissung die durch diesen Bothen=Läuffer, JEsum Christum, geschehen ist; keines weges aber ums Verdienst Christi, um sein bitter Leiden und Sterben und um seiner Fürbitte willen; Denn so spricht ein heilloser D. Bahrt und viele tausend ihm gleichgesinnete Arianer unserer Zeit mit klaren Worten: „Daß aber GOtt blos um ei= „nes (NB. blos natürlichen) Menschen=O= „pfers willen mir meine Sünden vergebe, „und um einer fremden Tugend willen „die Flecken der meinigen übersehe, das „ist wider meine Vernunft und habe ich „auch nie etwas davon in h. Schrift ge= „lesen." So ist Christi Leiden und Sterben doch noch zu etwas nütze, daß Er die vom Vater verheissenen Gnaden=Geschencke für die Tugendhaften damit bekräftiget, unterschrieben und untersiegelt hat, zum Exempel, wie Menschen oft zu sagen pflegen: "Jch lebe und „sterbe drauf und will mein Leben lassen, daß „es

„es wahr ist; ja sie sagen wohl gar, ich will
„verdammt seyn, wenns nicht wahr ist.„
Auf solche Weise hat denn Christus, nach
Bahrdts Meynung, die verheissenen Gnaden-
Geschencke mit seinem Tode versiegelt; Ey!
ist das nicht Trost genug fürs gantze mensch=
liche Geschlecht?

O ihr verfluchten Höll=Hunde, groß und
klein, jung und alt, und auch ihr krumm und
sehr gebückten Altväter und Lehrmeister einer
solchen Lehre des alten argen Drachens! die
ihr eine gantze Welt voll, ja eine gantze Hölle voll solche Schüler gemacht habet, die nun
in der Welt herum schwermen und rasen, euren Schaum und Speichel, den sie begierig
vor euren Lehrstühlen aufgefangen haben, schon
ehe er zur Erden hat fallen können, die ihn
nun als tolle Hunde wieder ausschäumen, um
Könige, Fürsten, Grafen, Edelleute und allen
diesen ihre Unterthanen auch damit zu vergif-
ten! Tretet auf, ihr ewig vermaledeyete höllische Schlangen=Brut, ihr Werckzeuge und
Abgesandte des alten Drachens, und saget mir,
ob es eine ertichtete und ein= und unterschobene
Lügen und Betrügerey sey, was Johannes
im Evangelio von dem HErrn JEsu,
als von dem ewigen und eingebohrnen
Sohne GOttes saget, und wenn er im 1.
Capitel im 29. Vers mit Fingern auf den
HErrn

HErrn JEsu weiset und zum Volck spricht: Siehe! das ist GOttes Lamm, welches der Welt Sünde träget. Man lese nur das 1. Capitel Johannis, ja das gantze Evangelium wohlbedächtig, so wird man finden, daß Christus eine göttliche Person von Ewigkeit her gewesen ist, und mit des Vaters Rath und Willen kommen ist Fleisch und Blut an sich zu nehmen, damit Er für die Sünden der Menschen leiden und sterben und dem Vater und sich selbst zugleich an seinem eigenen Leibe und Seele, Gnugthuung leisten könne; ob gleich auch ein verfluchter D. Bahrdt in seinem 5. §. sich nach des Teufels Art als ein Zerstümmler und Zerläfterer des Wortes GOttes auf den Evangelisten Johannes beruffet.

O ihr unvernünftige und blinde Bestien, die ihr euch der Vernunft rühmet und sie über alles erhebet, und welcher ihr aufgetragen habet, daß sie den Dreyeinigen GOtt und was göttlich und himmlisch ist, über ihre philosophische Elle, Zirckel und Winckel-Maaß ausmeßen soll, und saget: "daß es wider eure Ver-
"nunft wäre, hättet auch nie etwas davon in
"der h. Schrift gefunden, daß GOtt bles um
"eines Menschen-Opfer willen mir meine
"Sünden vergebe und um einer fremden Tu-
"gend willen die Flecken der meinigen über-
"sehe;" Aber höre, du verfluchtes Geschlecht!
haß

haſt du nicht das 53. Capitel des Propheten Jeſaiä geleſen, in welchem ſo klar und deutlich von dem Verſöhn-Opfer JEſu Chriſti für die Sünden der Menſchen geſchrieben ſtehet: Fürwahr Er trug unſere Kranckheit und lud auf ſich unſere Schmertzen. Wir aber hielten Jhn für den, der geplaget und von GOtt geſchlagen und gemartert wäre; Aber ER iſt um unſerer Miſſethat willen verwundet, und um unſerer Sünde willen zerſchlagen. Die Straffe liegt auf JHM, auf daß wir Friede hätten: und durch ſeine Wunden ſind wir geheilet. Man leſe das gantze Capitel. Boshaftiger, ſage mir, ſind denn die Altväter im Alten Teſtament alle Ochſen und Eſel geweſen, welche auf dieſen verheiſſenen Meßias, auf den GOtt-Menſchen ſehnlich gehoffet haben, welchen David ſeinen HErrn nennet, und auf welches Verſöhn-Opfer alle Vorbilder und Opfer im Alten Teſtament gezielet und gedeutet haben?

Ihr Ottergezüchte, ſaget mir, ob es Lügen ſind, was Petrus in ſeiner 1. Epiſtel im 2. Capitel im 24. u. 25. V. ſpricht: JEſus Chriſtus, welcher unſere Sünden ſelbſt geopfert hat an ſeinem Leibe auf dem Holtz (Griechiſcher Text: welcher unſere Sünden ſelbſt auf ſich genommen und gebüſ-
ſet,

set, und sie gleichsam mit sich hinaufgehoben hat an seinem Leibe auf das Holtz des Kreutzes, an welchem Er als das Versöhn-Opfer für unsere Sünden geopfert, und die Sünde gleichsam mit Ihm getödtet ward,) auf daß wir der Sünde abgestorben (mit Christo gestorben, und daher von der Knechtschaft der Sünde los, und für die Sünde gleichsam todt) seyn, und der Gerechtigkeit leben sollen: durch welches Wunden ihr seyd heil worden (durch) deßen versöhnendes Leiden ihr Vergebung der Sünden, Heil und Seligkeit erlanget habet) Matth. 8, 17. 1 Joh. 3, 5. Röm. 6, 1. u. f.

V. 25. Denn ihr waret in eurem verdorbenen natürlichen Zustande, wie die irrende (in der Irre gehende) Schaafe: aber ihr seyd nun von eurem angebohrnen Irrthum und natürlicher geistlicher Blindheit bekehret zu dem Hirten und Bischof (Aufseher) eurer Seelen; daher ihr demselben auch nachfolgen müsset, und euch von Ihm leiten zu lassen schuldig seyd.

4. "Ich glaube, daß GOtt den Apo-
„steln seinen Geist gegeben hat; daß aber
„dieser Geist eine dritte Person in der Gott-
„heit sey, davon bin ich nicht überzeuget:
„vielmehr finde ich in heiliger Schrift kei-
„ne andere Bedeutung von dem πνευμα
„αγιον

„ᾳγιων als diese beyden: daß es entweder „göttlich gewirckte Gaben, Talente und „Kräfte anzeiget, oder das nomen Dei „selbst, welcher diese Gaben mittheilet."

Verweis: O du veruchte schwartze Seele, die eine Werkstätte der höllischen Furien ist! du sprichst, daß du nicht überzeuget wärest, daß es einen Heiligen Geist, eine dritte Person der Gottheit gebe; und du giebest den Heiligen Geist, die wesentliche dritte Person des hochgelobten dreyeinigen GOttes, nur für göttlich gewirckte Gaben, Talente und Kräfte aus, oder für den Namen GOttes selbst, welcher diese Gaben mittheile. Aus einem Irrthume entstehen unumgänglich zehen andere, weil die göttlichen Wahrheiten wie eine Kette an einander hangen; darum könnet ihr verfluchte Ungeheuer, ihr heutigen Arianer, freylich nicht anders von einer dritten Person des dreyeinigen GOttes urtheilen, weil ihr die zweyte Person, JEsum Christum, nur für einen geringen Menschen öffentlich ausschreyet, in euren Schriften und Glaubensbekentnissen aber auf eine dunckele und subtile Weise Jhn noch dazu für den ärgsten Lügner, Prahler und Betrüger haltet, nur daß ihr nicht mit der Sprache frey herausgehen wollet; wie es auch Bahrdt selber p. 11. bekannt hat, wie er es im Predigen

digen und Catechisiren gemacht habe, daß die Zuhörer aus seiner zweydeutigen dunckeln Teufels-Lehre, die doch im Grunde immer auf den Arianismus hinauslauffet, nicht haben klug werden sollen; aber dennoch verräth sich die Bosheit ihres Hertzens allenthalben in ihren Glaubensbekenntnissen, daß sie erleuchteten Christen nur zu klar vor Augen lieget. Wenn es nicht so wäre, daß sie den HErrn JEsum in ihren Hertzen aufs äusserste lästern und für einen Lügner und Betrüger halten, so würden diese Höllenbrände ja den Worten JEsu glauben, wenn er von einer wircklichen und wesentlichen göttlichen Person, und nicht nur von Talenten und gewirckten Gaben des Vaters redet, zum Exempel, wie Er Joh. 14, 26. spricht: **Aber der Tröster, (griechisch, der Beystand) der heilige Geist, welchen mein Vater senden wird in meinem Namen** (um meinetwillen) **derselbige wird euch alles lehren,** (alles, was zu eurer Seligkeit nöthig ist,) **und euch erinnern an alles, was ich euch gesaget habe.** Und so auch Cap. 15, 26. Derjenige muß der Boshafteste unter der Sonnen, oder verrückt im Kopfe seyn, der hier nur Talente und gewirckte Gaben, und nicht vielmehr eine wahre wesentliche göttliche Person verstehen wolte.

Herodes

Herodes und seine Hofleute, als auch jene galante Lüstlinge in jenen epicurischen Gesellschaften haben schon längst den HErrn Christum und den Heiligen Geist aus ihrer Mitte verbannet, daß nicht einmal im Ernst der Name JEsus bey ihnen darf genennet werden; wohl aber ist es erlaubet, lästerlicher Weise ihre sündlichen Redens=Arten bey ihren boshaften Handlungen damit zu zieren; darum thun die heutigen aufgestandenen Irrgeister mit ihren neuesten Entdeckungen und Offenbarungen GOttes, wie Bahrdt seine Uebersetzung, oder vielmehr seine teuflische Zerläsierung, des Neuen Testaments betitelt hat, sehr wohl, daß sie das verdrüßliche altfränckische Lehrgebäude der Christlichen Religion niederreissen, und ein neues zimmern und zusammen schmieren, mit welchem sie am Hofe Herodis, bey ihren Patronen, Versorgern und Weiterbeförderern, und in denen lustigen und epicurischen Gesellschaften willkommen sind, Schertz, Spott und Lästerungen an dem HErrn Christo und dem Heiligen Geiste zu verüben. O wehe dem argen Geschlecht!

5. "Ich glaube, daß GOtt in und "mit Christo war, und daß wir folglich alle "den Sohn zu ehren verbunden sind, wie "wir den Vater ehren; allein wie GOtt "in Christo war, ob nach Athanasius Vorstellungs=

"stellungsart (welche ich gerade für die
"schlechteste halte) oder nach Arius oder
"Sabellius oder eines andern Meynung,
"das ist für den Zweck der Religion, d. h.
"für die Besserung und Beruhigung der
"Menschen, sehr gleichgültig, und sollte nie
"mit kirchlicher Autorität entschieden, son=
"dern jedem frey überlassen werden, wie
"er sichs dencken will. Indessen scheinet
"mir so viel aus Vernunft und Schrift bis
"zur höchsten Evidenz erweislich, daß Chri=
"stus und der einige GOtt Jehovah, den
"er seinen Vater nennt, sehr verschieden
"sind, und daß wenigstens Christus nicht
"in dem nämlichen Sinne GOtt heisse,
"in welchem es der einige GOtt Jehovah
"heißt; wie er sich denn selbst über diese
"Benennung Joh. 10. deutlich und ehrlich
"genug erkläret hat; wenn er denen, die
"ihm Gotteslästerung vorwarfen, sagt: –
"Wenn die Schrift alle die GOtt nennt,
"προς ους ο λογος θεου εγενετο, d. h. die
"göttliche Aufklärungen zu Belehrung der
"Menschen erhalten haben, wie könnte ich
"mir über diese Benennung einen Vor=
"wurf machen, (ον ο πατηρ ηγιασε,) da mich
"der Vater so gantz besonders ausgezeich=
"net hat."

Verweis: Du heilloser Bube, du Spötter und Lästerer meines HErrn JEsu Christi, davon ich dich überführet habe, und noch ferner überführen werde; du sprichst, daß GOtt in Christo gewesen sey, und daß wir folglich alle verbunden wären, den Sohn zu ehren, wie wir den Vater ehren: aber wie kanst du Spötter vom Grund des Hertzens sagen: daß der heilige und gerechte GOtt und Vater in und mit Christo gewesen sey, da du doch den HErrn Christus allenthalben schmähest und lästerst, und Ihn für einen Lügner, Betrüger und Prahler schiltst, der so vieles gelehret habe, das gantz und gar falsch sey. Christus sprach nach seiner Auferstehung zu seinen Jüngern: Mir ist gegeben alle Gewalt im Himmel und auf Erden; darum gehet hin, und lehret alle Völcker, und taufet sie im Namen des Vaters, und des Sohnes, und des Heiligen Geistes; und lehret sie halten alles, was ich euch befohlen hab; Und siehe, ICH bin bey euch alle Tage, bis an der Welt Ende. Matth. 28, 18. 19. 20. Hier lehret der auferstandene Christus selbst drey unterschiedene Personen der Gottheit von gleicher Majestät und Herrlichkeit, denn Christus machet keine Ausnahme; Bahrdt aber schilt Ihn einen Lügner, und giebt es für Lügen und Betrügerey aus,

was

was hievon biblisch gelehret wird; er leugnet hiermit die Auferstehung Christi, und daß auch die Taufe, die Christus nach seiner Auferstehung befohlen hat, im Namen des dreyeinigen GOttes zu taufen, nichts als Alfanzeren und Gauckeley der betrügerischen Pfaffen sey; Ursache dessen, weil nur eine einige und keine drey Personen der Gottheit existirten. Christus setzete das heilige Abendmahl ein, in welchem er seinen Gläubigen seinen Leib und Blut zu essen und zu trincken zu geben versprochen hat; dieses hält Bahrdt ebenfals für Lügen, Fabeley und Betrügerey; auf solche Weise wäre ja der Vater, der in und mit Christo war, eben so böse und ungerecht, wie Christus, welcher von Bahrdten für den ärgsten Lügner, Prahler und Betrüger gehalten wird. Christus selbst nannte sich den von Ewigkeit her eingebohrnen Sohn GOttes seines himmlischen Vaters, wie in den Evangelisten vielfältig, klar und deutlich zu sehen ist. Joh. 8. v. 58. spricht Christus zu denen Jüden: **Wahrlich, wahrlich, ich sage euch; ehe denn Abraham war, bin Ich.** Und die Jünger, die wegen der Worte und Wercke des HErrn Christi, von der Gottheit Christi überzeugt waren, sprachen zu ihm: **HErr, wohin sollen wir gehen, da wir unser Heil und Seligkeit besser finden könten,**

als

als bey dir? Denn Du hast Worte des ewigen Lebens; Und wir haben geglaubet, und erkannt, daß du bist Christus, der Sohn des lebendigen GOttes. Joh. 6. v. 68. 69. Und der Schoos-Jünger des HErrn JEsu, der dieses Bekenntniß aller Apostel aufgezeichnet hat, schreibet auch in seiner 1 Epistel 5. v. 20. Christus ist der wahrhaftige GOTT, und das ewige Leben. Aber ein Bahrdt und tausend andere ihm gleich gesinnete heillose Buben spotten darüber.

Bahrdt spricht, daß er glaube, daß GOtt in und mit Christo war: allein wie GOtt in Christo war — daß sey für den Zweck der Religion, d. h. für die Besserung und Beruhigung der Menschen, sehr gleichgültig, (das heißet nach Bahrdts Meynung so viel: es ist uns übrigens nicht viel an Christo gelegen, weil er uns weder helffen noch schaden kann, und uns Tugendhaften zur Besserung unser selbst nichts nützet,) und sollte nie mit kirchlicher Autorität und Gewalt entschieden, sondern jedem überlassen werden, wie er sichs dencken will, das heist, er mag aus Christo machen was er will, der eine mag glauben, er werde in einem solchen Verstande GOttes Sohn genennet, wie die Gläubigen wegen ihrer Wiedergeburth aus GOtt Gotteskinder und göttlich

Geschlecht

Geschlecht genennet werden; oder etwa also, wenn ein grosser Herr zu einem Hirten Jungen spricht: **Mein Sohn,** gehe hin und ruffe den Schultzen im Dorfe, ich will hier seiner warten. Siehe, Bösewicht, heißet dieses den Sohn ehren, wie man den Vater ehret? Satan, verdammt bist du mit deiner Ehre, die du dem HErrn Christo anthust? denn im 3. Paragraphus nennest du den Erlöser und Versöhner des menschlichen Geschlechts einen blosen Menschen, der mit seinem blosen Menschenopfer keinem Menschen zur Vergebung seiner Sünden etwas nütze sey. So fahre denn freudig und getrost hin in deinen Sünden in Feuer= und Schwefel=See, der dir Höllenbrand und denen Teufeln zubereitet ist, wer wehret dir es denn?

6. "Daß für Christen der Glaube an "JEsum Christum die unausbleibliche Be= "dingung der Seligkeit sey, ist unleugbar. "Allein daß sich diese Verbindlichkeit auch "auf die Nichtchristen erstrecke, halte ich für "unvernünftig, unmenschlich und schrift= "widrig. Und daß dieser Glaube in einer "Ergreiffung und Zueignung des Verdien= "stes Christi bestehe, halte ich für eben so "falsch. Wenigstens stehet im neuen Te= "stament so wenig von diesem Begrif des "Glaubens, daß es mir ein Räthsel ist, wie "die

"die Lehrer der Kirche je haben darauf fal-
"len können. Der Glaube an Christum ist
"Annehmung und Befolgung der Lehre
"JEsu und festes Vertrauen auf seine mit
"seinem Tode besiegelten Verheissungen ei-
"ner künftigen Seligkeit der Tugendhaften.

Verweis; Wer wird nicht einsehen, daß der verfluchte Gottesläfterer nur seinen Spott mit Christo treibe? Solche grobe handgreifliche Bosheiten, solcher Koth und höllischer Unflat, den der Drache durch dieses Kind des Teufels hier ausgespien hat, auch nicht werth sind, daß man sie nur einmal berühre; Hier, wie anderwärts, wird ja der HErr Christus mit seinem theuren Verdienst gänzlich verworffen und für Lug und Trug erkläret; und dennoch spricht der Bösewicht, daß für Christen der Glaube an Christum die unausbleibliche Bedingung der Seligkeit sey; der Glaube aber an Christum sey weiter nichts als die Annehmung und Befolgung der Lehre JEsu; welche Lehre der Bösewicht doch gleichsam wie eine zusammenhangende Kette, über die Maassen verspottet, lästert, und für Lügen, Betrug und Prahlerey erkläret; Und ferner sey der Glaube an Christum ein festes Vertrauen auf seine mit seinem Tode besiegelte Verheissung einer künftigen Seligkeit der Tugendhaften, nemlich derer, die aus eigenen Kräften, ohne

einen

einen erdichteten heiligen Geist, und ohne einen Erlöser von Sünde, Tod, Teufel und Hölle, und vom Zorne GOttes, die in ihm liegende herrliche Anlagen zu allen Tugenden zum Wachsthum und Vollkommenheit gebracht haben. O! welch eine grosse Glückseligkeit ist uns doch wiederfahren, daß wir durch einen Bahrdt sind belehret worden, wozu der HErr Christus mit seinem bittern Leiden und Sterben zu gebrauchen ist! wovon auch schon beym 4. §. ist gehandelt worden.

7. "Daß GOtt alle Tugendhafte in "einem andern Leben höchstselig machen "werde, glaube ich; daß er aber eben so "geneigt sey, die Bösen in alle Ewigkeit "zu martern und dem Teufel zu übergeben, "glaube ich nicht. Denn er selbst sagt: ich "bin ein eifriger GOtt, der über die, so "mich hassen, die Sünde der Väter heim= "suchet bis ins dritte und vierdte Glied, "aber denen so mich lieben und meine Ge= "bote halten, denen thue ich wohl bis ins "tausende Glied. Daraus schliesse ich ge= "gen die, welche GOtt gerne eben so straf= "gierig als gütig machen möchten: wie sich "verhält 4. gegen 1000, so verhält sich "GOttes Neigung zu strafen, gegen seine "Neigung zu belohnen."

Verweis: Ey! Herr Doctor! ich sehe, daß

daß sie den kleinen Catechismus Lutheri in ihrer Schule wohl gelernet haben, und noch dazu ein guter Rechner sind; darum sagen sie mir doch aufrichtig, ob sich es wahrhaftig also verhalte, daß, nach Ew. Hochehrwürden Rechnung, GOtt 996. mal geneigter sey, die Tugendhaften in einem andern Leben höchstselig zu machen, als die Bösen und Lasterhaften in alle Ewigkeit zu strafen; damit ich nach dero trostreichen Lehre, mir auch 996. mal mehr Freyheit zu sündigen nehmen könne? Ich einfältiger Tropf, habe bisher immer geglaubet, daß GOtt nach seiner Heiligkeit und Gerechtigkeit das Böse mit eben demselben Maaß und Gewichte bestrafe, mit welchem Er nach seiner Barmhertzigkeit, Gnade, Güte, Liebe und Treue das Gute belohnet, wiewohl auch seine Heiligkeit und Gerechtigkeit es gleichermaassen nicht anders zulässet, das Gute zu belohnen. Auf solche Weise habe ich mich ja sehr betrogen, weil ich mich von mancher sündlichen Lust habe abschrecken lassen; da ich doch mit Ew. Hochehrwürden, als ein Scheim, die Leute betrügen und belügen, und um das Ihre bringen, und mit Ew. Hochehrwürden in die Huren-Häuser hätte gehen können! Wohlan! es soll heute noch geschehen, dahin zu gehen, aber nur in der Absicht, mich nach Ew. Hochehrwürden Huren-Banckerten zu erkundigen,

und sie zu fragen, ob sie noch nicht frisch und getrost in des Herrn Papas und ihren Frauen Mamaen Fußstapfen getreten sind; und ob sie, als von so feiner Extraction, Race und Herkunft, die in ihnen von Natur liegende, und von dem Herrn Papa und Frau Mama angeerbte herrliche Anlagen zur Tugend, u. s. w. noch nicht zu ihrem und dem allgemeinen Nutz angewendet haben? Denn der Herr Papa lehre frey und öffentlich, daß GOtt 996. mal geneigter sey die Tugend zu belohnen, als die Untugend zu bestraffen. Aber, Hr. Doct. du ertzböser Bube, der du zu sündigen lehrest, und aus GOtt einen Teufel machest, der das Böse nicht eben so wohl bestraffe, als das Gute belohne, hättest du doch in deiner Raserey die dir verhaßte Bibel zur Hand genommen, und deine Nase in dieselbe gestecket, und hättest deinen Beweis, daß man frisch drauf los sündigen könne und dürfe, nicht aus dem kleinen Catechismus Lutheri abgeschrieben, welchen Text ein unvernünftiger und unwürdiger Schulmeister dich nicht besser gelernet und dir erkläret hat, und du, als ein grosser D. der h. Schrift, dich nach der Zeit auch nicht weiter darum bekümmert hast, obgleich, H. D. dieser Text in der Bibel im 2 B. Mos. im 20. Cap. v. 5. 6. gantz anders lautet, als: Ich der HErr, dein GOtt, bin ein eiferiger
GOtt:

GOtt: der da heimsuchet der Väter Missethat an den Kindern, bis in das dritte und vierdte Glied, die mich hassen. Und thue Barmhertzigkeit an vielen Tausenden, die mich lieb haben und meine Gebote halten. Hier hat der HERR gantz und gar nicht an eine Vergleichung gedacht, nemlich 4. gegen 1000. Glieder gerechnet, sondern Er redet im ersten Satze von 4. Gliedern, im 2ten Satze aber von viel tausend eintzelnen frommen Menschen. Wohlan! Ignorante, laß sehen, ob deine Vergleichung, 4. gegen 1000. gerechnet, richtig sey? oder ob die 4. Glieder mit denen vielen Tausenden in eine Gleichheit können gebracht werden? zum Ex. Ein gottloser Vater hat 20. gottlose Kinder, die in des Vaters Fußstapfen treten; diese 10. Paar Kinder, als das erste Glied, zeugen wieder 10. mal 10. Paar, diese betragen 100. Paar. 100. Paar im zweyten Gliede, zeugen 1000. Paar; diese 1000. Paar im dritten Glied zeugen wieder 10. mal mehr, nemlich 10,000. Paar. Diese 10,000. Paar im vierten Glied zeugen 100,000. Paar; daß man also sagen kann, daß GOtt die Sünden der Väter bis in das vierdte Glied an hundert tausend Paaren, d. i. an zweymal hundert tausend gottlosen Kindern, die in der Väter Missethat fortfahren, bestraffen will.

Und

Und wenn wir auch gleich nur den vierdten Theil davon annehmen, welcher funfzig tausend, und nichts übertriebenes ist; und diese Anzahl der Vermehrung in 4. Gliedern zu der Zeit, da GOtt durch Mosen dieses sagen ließ, gantz wohl Statt findet; daß also diese verminderte Zahl 50,000. der Gottlosen 4. Glieder, mit jenen vielen tausend Frommen gantz wohl in eine Gleichheit kommen. Ey! pfuy! schämen sie sich, Hr. D. groß Barth, daß ein ungelehrter Laye auftreten, und ihnen Hr. D. groß Barth, einen so gelehrten Verweis geben muß. O Schande über alle Schande! daß man einem solchen bösen Buben, dessen Gelehrsamkeit nur Schwermerey und Raserey ist, für baar Geld die Doctorwürde angehänget hat, ihm in der Kirche den Doctor- und Bischofs-Hut aufgesetzet, und den geistlichen Hirten-Stab in die Hände gegeben hat; da man ihm vielmehr im Zuchthause eine bunte Narren- oder Züchtlings-Kappe hätte aufsetzen, eine Raspel in die Hände geben, und an statt des Priester-Schmucks ein 12. pfündiges Eisen an die Beine schmieden sollen, so wäre manches von ihm gegebene Aergerniß unterblieben; Oder warum hat ihm diese oder jene Kugel seine schwartze Seele nicht aus dem Leibe getrieben, da er als ein gottloser Bube von seinem Vater gelaufen war, und die Würde

eines

eines Husaren begleitete? Nein, der alte Drache hat diesem seinem Liebling in allen Gnaden seinen Schutz angedeyen laſſen, zu seines Reichs Erweiterung, so wie GOtt die Seinen auch schützet.

8. "Daß es Engel und Teufel giebt,
"mag wahr seyn: Daß sie aber das sind,
"wofür das Kirchenſyſtem sie ausgiebet —
"daß sie leiblich die Menschen besitzen, daß
"sie sich als Gespenster zeigen, daß sie in
"die Seelen der Menschen würcken, und
"böse Gedancken und Vorsätze hervorbrin-
"gen können, dazu habe ich nie einen hin-
"reichenden Grund gefunden es zu glauben.

Verweis: Bahrdt, der Gottesläſterer, spricht hier: Daß es Engel und Teufel gebe, möge wahr seyn, (d. h. er wolle es unterdeſſen zu gefallen mit glauben, und wegen einer so geringen und gleichgültigen Sache keinen Streit mit jemand anfangen): Daß sie aber (NB wenn es ja welche gebe,) das wären, wofür das Kirchensyſtem sie ausgiebet, — daß sie leiblich die Menschen besitzen, daß sie sich als Gespenster zeigen, daß sie in die Seelen der Menschen würcken, und böse Gedancken und Vorsätze hervorbringen können, dazu habe er nie einen hinreichenden Grund gefunden es zu glauben. — Denn das Zeugniß JEsu Christi, den man den Sohn GOttes nennet, sich auch selbst so nennet, wie Er es auch wahrhaftig ist; den er aber schon längst in seinem Hertzen, ja nun auch so gar in seinem öffentlichen Glaubensbekenntniß, für einen Lügner, Prahler und Betrüger halte und ausgebe, sey für ihn nicht hinreichend, es als eine glaubwürdige Sache anzunehmen. Wenn von Christo gesagt wird, daß Er gekommen ist, die Wercke des Teufels zu zerstören; so spricht ein Bahrdt und viele tausend andere mit ihm: Es seyen Lügen, es gebe keine Engel noch Teufel. Ferner, Christus hat Legionen Teufel von Besessenen ausgetrieben, ist auch selbst vom Satan versucht worden; Bahrdt spricht: Es seyen Ertzlügen, und Marcktschreyerische Prahlereyen; Christus ist aufgefahren in die Höhe, und hat das Gefängniß gefangen geführet, u. s. w. Bahrdt spricht: Beydes seyen Lügen und Prahlereyen. Petrus spricht: **Seyd nüchtern und wachet: denn euer Widersacher, der Teufel, gehet umher wie ein brüllender Löwe, und suchet, welchen er verschlinge, dem widerstehet fest im Glauben.** 1 Petri 5, 8. 9. Luc. 21, 36. 1 Thess. 5, 6. Bahrdt spricht: Petrus leugt: es gebe keine Teufel, welchen man im Glauben fest und standhaft widerstehen müsse, sondern sicher leben. Wenn in der Offenbarung JEsu Christi da und dort vom Satan und

von

von denen übrigen Feinden Christi und seines Reichs geredet wird, und daß diese werden geworfen werden in den See der mit Feuer und Schwefel brennet, um ewig darinnen gemartert zu werden; so spricht ein Bahrdt: Ey Possen! es gebe keine Teufel, noch andere Feinde Christi und seines Reichs: denn Christus sey ein bloßer Mensch gewesen, welcher gestorben und begraben sey, und am jüngsten Tage, wie alle andere Menschen, auferstehen werde; daher er kein ewiges Reich habe, daß diese, als Feinde Christi, im Feuer- und Schwefel-See ewig könnten gemartert werden. Auch gebe es überhaupt keine ewigen Höllenstrafen; Ewig selig machen könne Gott wohl; weil sein Zorn und Ungnade gegen seine Barmherzigkeit und Gnade, wie 4. gegen 1000. zu rechnen wären; Und so verfährt und spricht Bahrdt, der verfluchte Gotteslästerer, bey allen übrigen Puncten und Gelegenheiten. Sehet! das ist die Ehre, mit welcher er den Sohn zu ehren sich verbunden hält, den Sohn gleichfals zu ehren, wie wir den Vater ehren. S. den 5. §. Und dieses ist also die Befolgung der Lehre JEsu, §. 6. Kein Socinianer, kein Arianer hat es jemals so arg gemacht! Auch die Türcken ehren den HErrn Christus weit mehr; denn diese halten Ihn doch noch für

einen

einen grossen Propheten, der viel grosse Zeichen und Wunder gethan.

9. "Daß die göttlichen Schriften neu-
"en Testaments göttliche Belehrungen der
"Menschen zur Glückseligkeit enthalten, de-
"nen wir alles Vertrauen und allen Ge-
"horsam schuldig sind, davon bin ich gewiß;
"daß aber GOtt alle in diesen Schriften
"enthaltene Worte eingegeben habe, davon
"habe ich noch nie einen befriedigenden
"Beweiß gelesen."

Verweis: O! welche Bosheit eines Bahrdts, und des alten Drachens; welcher die Bibel, und besonders das Neue Testament, für ein Buch erkläret, welches so wohl aus Lügen als aus Wahrheit bestehe! daß hernach der Leser einen jeden Punct im Verdacht und für ein- und untergeschobene Lügen hält, welchen göttlichen Belehrungen man doch, wie der Spötter Bahrdt spricht, alles Vertrauen und allen Gehorsam schuldig seyn soll, daß nun dieses vorhin schon verachtete und verhaste Buch von denen heutigen Heuchel-Schein- und Maul-Christen und Halb-Atheisten unter die Banck gestecket, mit Füßen getreten und zu Maculatur gemacht wird; welche äusserste Geringschätzung und Verlästerung der heiligen Bibel bey denen blinden Papisten schon sehr lange Mode gewesen ist, daß auch

kein

kein gemeiner Christ unter ihnen die Bibel lesen darf, bey Vermeidung schwerer Verantwortung; daß also diese Lehre eines Bahrdts und vieler tausend anderer eine gute Anmahnung und Vorbereitung ist, eine baldige Vereinigung mit denen Päbstlern zu stiften. Aber was kann man besseres von einem Husaren, der vermittelst seines Vaters unabläßiges demüthiges Bitten und Anhalten bey denen Kirchen-Patronen geraden Weg vom Pferd auf die Kantzel gestiegen ist, und über seinen Husaren Peltz und Sebel einen Priester-Rock gehenget hat, erwarten? (dergleichen Kerle sind mir noch mehr bekannt.) Höher können die Bosheiten eines solchen ruchlosen Bösewichts nicht steigen, daß man ihm dieselben nur mit einem Willkomm im Zuchthauße oder wohl gar als einen Erzgotteslästerer auf einem Scheiter-Hauffen widerlegen sollte, weil sie keine bessere Widerlegung werth sind. Gotteslästerung ist die allergrößte Sünde die ein Mensch begehen kann; sie wird aber am wenigsten geachtet noch bestraffet. Ein Mag. K— mußte ohne Barmherzigkeit ins Zuchthauß wandern, und sein Leben elendiglich darinnen endigen! nur darum, weil er die Ungerechtigkeit gewisser sterblicher Menschen in einem etwas satyrischen Stylus beschrieben und bestrafet hatte! aber warum widerfähret einem

nem öffentlichen Lästerer der heiligen Majestät GOttes nicht eben dergleichen Tractement?

10. "Daß alle Christen die Religions-
"lehren der Schrift, welche ohne Kunst-
"auslegung darinnen zu finden sind, zu
"glauben und zu befolgen verbunden sind,
"ist gewiß, daß aber der Kirche, (darunter
"ich mir doch eigentlich nichts als den gros-
"sen Haufen (plurima vota) der Geistlich-
"keit dencke, die, wie schon oben gesagt wor-
"den, zu keiner Zeit das Vorurtheil der
"tiefen Einsicht, Gelehrsamkeit und unpar-
"theyischen Prüfungsgabe, gehabt hat) das
"Recht zustehe, mir, aus den Sätzen der
"Schrift künstlich gefolgerte Lehren und
"Begriffe aufzudringen, das glaube ich
"nicht. Wenigstens wäre dieß ganz wider
"die Grundsätze des Protestantismus, wel-
"cher im deutschen Reich mit dem Catho-
"licismus gleiche Herrschaft und Rechte
"behauptet. Denn nach diesen Grund-
"sätzen bin ich in Absicht auf meinen Glau-
"ben an keines Menschen Ansehen gebunden,
"sondern habe das Recht, alles zu prüfen,
"und nur das zu behalten, wovon ich mich
"aus Gottes Wort überzeugt fühle. Und
"dieses Recht erstreckt sich bey protestanti-
"schen Lehrern noch weiter als bey gemei-
"nen Protestanten. Denn als ein solcher
"bin

„bin ich ein Theil der representirenden Kir-
„che, und bin daher nicht nur verpflichtet,
„die Lehrsätze meiner Kirche zu prüfen, son-
„dern auch das Resultat meiner Prüfung,
„wenn es von Wichtigkeit ist, meinen Glau-
„bensbrüdern vorzulegen, wie ich bisher in
„einigen meiner Schriften gethan habe,
„auch fernerhin thun werde, und in diesem
„meinem öffentlichen Bekenntniß jetzt zum
„erstenmale vor dem allerhöchsten Richter
„thun zu können, gewürdiget werde."

Verweis: Schweig Satan! du bist mir äusserst ärgerlich! wer kann dir verworffenen unwürdigen Kerl auf alle deine antichristische Lehren der Teufel antworten? Dieser höllische Unflat ist zu abscheulich, daß man sich zu lange dabey aufhalten sollte; weil man auch nicht verbunden ist einem Narren und Unsinnigen auf alle seine Thorheiten zu antworten; im Feuer- und Schwefel-See aber, womit du hier deinen Spott triebest, wird dir die rechte vollkommene und nachdrückliche Widerlegung gemacht werden, bis dahin gedulde dich, bis dahin rase und lästere du und tausend und aber tausend dir gleich gesinnete Höllenbrände, so sehr ihr könnet, das Maaß der Sünden überhäufig zu machen. Wollte GOtt! daß alle diese eingefleischte Teufel mit ihrer Lehre des alten Drachens und mit ihren Glaubensbekenntnissen

kenntnissen von der Erden vertilget und in eine ewige Vergessenheit gerathen seyn möchten! Es muß zwar also geschehen, wie würde sonst die Weissagung Christi, als des höchsten Propheten, wie auch seiner Unterpropheten, erfüllet, von den vielen falschen Propheten, Verführern und Antichristischen Geistern, die vor der Zukunft Christi zum Gericht über die babylonische Hure und über das Reich des Antichrists aufstehen, und viele verführen werden, auch schon viele verführet haben. Matth. 24, 11. 24. Dan. 7, 25. Luc. 18, 8. Ap. Gesch. 20, 29. 30. 2 Thess. 2, 7. 1 Tim. 4. v. 1. 2. 2 Tim. 3, 1. 9. 13. 2 Petr. 3, 3. 1 Joh. 2, 18. Jud. v. 18.

Wie nahe muß also die **Zukunft Christi** zum Gericht über das Reich der Babylonischen Hure und des Antichrists seyn, weil nunmehro die Hölle ihren Rachen weit aufgethan, und ganze Schaaren verführerische Lügen-Geister mit ihren Lehren der Teufel ausgespien, und die vorhin schon verdorbene Christenheit damit wie mit einer Fluth überschwemmet hat! O greuliche Zeit! oder vielmehr greuliche Menschen, in diesen gegenwärtigen Tagen vor der Zukunft Christi, meines Erlösers und Seligmachers, die wir erlebet haben! Möchte doch der Himmel sich entsetzen und sehr erbeben über die Lehren und Glaubensbe-

kennt=

kenntniſſe, welche die freveln und verwegenen Gottesläſterer und Verleugner der zweyten und dritten Perſon des Dreyeinigen GOttes heut zu Tage aus vollem Halſe ausſchreyen und ſchriftlich in der Welt ausſtreuen, und welchen Speichel des alten Drachens die liebe getreue Braut des Teufels, die im Argen (im Teufel) liegende Welt begierigſt auflecket, und, ſüſſe wie Honig, verſchlucket! Nur wenige von denen jetzt lebenden Ungeheuren namhaft zu machen, wo auch ein jeder wahrer erleuchteter Chriſt, oder auch nur einer, der etwas Buchſtäbliche Erkenntniß hat, mit mir bekennen wird, daß ein Leßing, ein Teller, ein S....r, und ein Bahrdt vollkommene Kennzeichen der baldigen Zukunft Chriſti ſind, welche den HErrn Chriſtus nicht für ihren Verſöhner, Erlöſer, Mittler und Seligmacher erkennen, ſondern Ihn und den Heiligen Geiſt verwerffen, verleugnen, ſchmähen und läſtern, Ihm den Krieg ankündigen, und Kayſer, Könige, Fürſten und Herren anruffen, dieſe ihre Lehre anzunehmen und zu vertheidigen; hingegen die in Gottes Wort feſt gegründeten wichtigſten Lehr=Puncte der Evangeliſchen Religion zu verfolgen und mit Gewalt auszurotten, und folglich die Waffen wider Chriſtum den ewigen König, und wider ſeine Gläubigen,

zu

zu ergreiffen und zu Felde zu ziehen, um eine einige allgemeine Religion zu bewerckstelligen, in welcher von keinem König aller Könige und HErrn aller Herren, noch von dem Heiligen Geist gelehret noch gehöret wird, wie ein frevelhafter und verwegener gottloser Bube, ein D. Bahrdt, in diesem seinem öffentlichen und in die Welt ausgestreueten Glaubensbekenntniß gethan hat, nämlich eben derselbige Bahrdt, welchem in Leipzig der Priester-Rock und Krause ceremonialiter wieder ausgezogen und abgenommen, und vom Predigt-Amt verstoßen wurde, Ursache dessen, weil er als ein unflätiger und greulicher Huren-Schelm in Bordel-Häusern jedermans Huren geschwängert hatte, und von ihnen als Vater zum Kinde vor Gericht angeklaget und auch dessen überführet wurde. Anderer Bosheiten, Schelmereyen und Betrügereyen die er hier in Leipzig und anderwärts ausgeübet hat, Kürtze halber hier nicht zu gedencken. Dieser Abschaum der Hölle ist denn der unfehlbare Augen-Arzt, welcher der geistlich blinden Welt den Staar stechen will, und daß die zeitliche und ewige Wohlfahrt durch die Ausübung und Nachahmung der Lehre und Beyspiel solcher verfluchten Höllenbrände zu erlangen sey; die alten treuen Lehrer aber, ja Christus der Mund der Wahrheit selbst, als auch seine Propheten,

pheten, Evangelisten und Apostel müssen Lügner, Ketzer, Betrüger und Verführer heissen.

Bahrdt, der Ertzbösewicht und Jackeball des Satans welcher die zweyte und dritte Person der hochgelobten Gottheit leugnet, rühmet sich, daß er seine Weisheit und Erkenntniß nur von der ersten und einigen Person der Gottheit erlanget habe; ob gleich Christus von Ewigkeit her uns von GOtt dem Vater zur Weisheit ist auserkohren und gemacht worden; der Lügenprophet hat auch seine lästerliche Uebersetzung des Neuen Testaments unter dem Titel: die neuesten Offenbarungen GOttes herausgegeben. Siehe pag. 7. Aber der Huren=Schelm, welcher bey seiner Sicherheit vor den bösen Geistern, die satanischen Eingaben auf gantz lästerliche Weise für besondere Gnadenheimsuchungen GOttes zu neuen Offenbarungen ausgiebt, hätte auch sagen sollen, wenn ihm diese Gnadenheimsuchung wiederfahren sey; ob es zu der Zeit war, wenn er seinen Besuch bey denen infamesten Jedermanns-Huren in Bordel-Häusern abstattete, daß, wenn der Huren=Schelm, der Gottesverläugner und Lästerer von da wieder weggieng, er von grosser Heiligkeit, Weisheit und Erkenntniß leuchtete und Schein von sich gab, Trotz einer stinckenden Pechfackel, daß er also keiner andern Leuchte bedurfte, und daß der Huren=Schelm nun andern bey Tag und bey

E Nacht

Nacht den Weg dahin weisen kan, ohne sich die Schinbeine zu zerstossen oder in Dreck zu fallen, damit sie allda (nach §. 1.) die in ihnen von Natur liegende viele herrliche Anlagen zur Tugend und die vielen angebohrnen edlen Gefühle und Neigungen zu einem grossen Wachsthum, zur Reife und zur Vollkommenheit bringen mögen, um der Menschheit ihre ursprüngliche Güte wieder zu geben — Sehet! solche Kerle sind die heutigen vom Satan in die Welt ausgesendete Apostel, die sich gantz besonderer göttlichen Offenbarungen und Entdeckungen rühmen, und wollen sich noch dazu mit ihrem höllischen Unflat auf die Bibel berufen, welche sie doch für ein mit vielen Lügen vermengtes Buch halten, wie es jederzeit alle Atheisten gemacht haben, welche nur so viel aus der Bibel nehmen, was sie zu ihrer Bosheit auf satanische Weise leichtlich falsch und verkehrt erklären können; alles übrige aber verwerfen und verlästern sie. O verfluchte Menschen! abscheuliche Ungeheuer!

Wohlan denn, ihr abscheuliche Ungeheuer! wäre es auch gleich ein Leßin, ein Teller, ein S....r, ein Bahrdt, oder wer ihr sonst als alte, krumme und sehr gebückte wider den HErrn zusammen verschworne, noch seyn möget, die ihr lehret, daß man in göttlichen und übernatürlichen Dingen nichts glauben müsse, wäre es auch gleich die zweyte und dritte Person der Gottheit, und andere Hauptpuncte

puncte der christl. und seligmachenden Religion, es wäre dann, daß man es mit der Vernunft begreifen könne; Wohlan! so tretet denn her vor mich, ihr Verführer, und beantwortet mir mit eurer Vernunft, welche ihr als souveraine Königin auf den Thron gesetzet habt, geistliche, göttliche, himmlische und übernatürliche Dinge zu richten und zu entscheiden, ja sogar die Gottheit auszuforschen, und ihr eine solche Gestalt zu geben, daß sie euren ruchlosen Seelen und gebrandmaalten Gewissen nicht schrecklich noch fürchterlich vorkomme; ich sage, beantwortet mir eine Frage nur von natürlichen Dingen, die sich ohngefähr alle 7. Stunden in der Natur zutragen, nemlich: was die Ursache der Ebbe und Fluth, oder das Ab= und Anlauffen des Meeres sey? welches noch kein Philosoph oder Naturkundiger mit der allerschärfsten Vernunft hat ausforschen können, und auch niemals keiner im Stande seyn wird; ihr aber, die ihr euch unterfanget, die drey Personen der Gottheit mit eurem philosophischen Zirkel, Maaß und Gewichte abzuzirkeln, zu messen und zu wägen, um zu sehen, wie viel eine jede werth, oder die eine und die andere auch wohl gar falsch und untergeschoben sey, denn dem Kirchensystem und der Bibel sey nicht zu trauen; ihr müsset mir sagen mit eurer superklugen Vernunft, wie es mit dieser Ebbe und Fluth zugehet, welches keine über menschlichen Begrif himmlische, sondern eine auf Erden, wo

E 2

ihr

ihr her seyd, in der Natur sich täglich mehr als 3. mal zutragende natürliche Sache ist? denn, eher kan ich nicht ruhen und schmecket mir kein Bissen, bis ich es gründlich und ausführlich von euch erfahren habe; denn darum bekommt ihr Brod und Lohn, und seyd mit grossen Ehren-Titeln behänget, nicht daß ihr für euch selbst grosse gelehrte Vernünftler seyn sollet; sondern den Republicanern zum besten, um kluge Leute aus ihnen zu machen. Wollet ihr mir aber antworten und sagen, es gäbe keine Ebbe und Fluth des Meeres, wie ihr es auch machet mit der zweyten und dritten Person der Gottheit, mit den guten Engeln und bösen Teufeln und ihren Wirkungen, als auch mit vielen andern wichtigen Puncten der Religion, denn ihr könnet solch Daseyn und Ursachen nicht begreifen; da doch dieses An- und Ablaufen des Meeres alle 7. Stunden abwechselnd mit Verlängerung und Verkürtzung sich regelmäsig zuträgt, so nenne ich euch nicht kluge und vernünftige Philosophen, sondern was ihr seyd; nemlich: unvernünftige und der Republic schädliche Ungeheuer, welche mit ihren Lehren die Menschen verwirren und sie um ihre zeitliche und ewige Wohlfahrt bringen; Lügen-Geister, welche von ihrem Vater, dem alten Drachen, der auch ein Vater der Lügen und ein Mörder vom Anfang gewesen ist, ausgesendet sind, zu verführen, wo es möglich wäre, auch die Auserwählten. Ey! giebt es denn keine Schin-

der-

derknechte mehr, um dergleichen Ungeheuren ihre Lügen= und Lästerzungen mit glüenden Zangen aus ihrem verfluchten Rachen heraus zu reissen.

Ew. Kayserl. Majestät gestatten mir allergnädigst, nun dieser meiner Erklärung und Bekenntniß nur dieses einzige noch hinzuzufügen, was in der That der allergrößten Aufmercksamkeit werth ist: daß es mir höchstwahrscheinlich ist, es sey dieß zugleich das Bekenntniß eines sehr grossen und ansehnlichen Theils der deutschen Nation.

Tausend und aber Tausend dencken so wie ich; nur daß sie keine Gelegenheit oder Verbindlichkeit oder auch nicht genug Freymüthigkeit haben mögen es laut zu sagen.

Tausend und aber Tausend wünschen, sehnen sich mit mir, nach Reform, nach Freyheit — weil sie sehen, daß diese Freyheit das sichere und entscheidende Mittel seyn werde, den Sieg der Religion JEsu allgemein zu machen allen Unglauben zu beschämen, und in kurzem eine allgemeine Verbrüderung aller Religionspartheyen zu stiften.

Tausend und aber Tausend flehen mit mir um die Rechte der Menschheit und des Gewissens, und stimmen in meine alleruntertänigste Bitte, daß Ew. Kayserl. Majestät, mit Zuziehung der Stände des Reichs, ein Mittel ausfindig machen möchten, wodurch

durch die beyden Stützen der öffentlichen
Glückseligkeit — Gewissensfreyheit und Kirchen-Friede — vereinigt und in ewiger Verbindung erhalten werden könnten.

Ich ersterbe in allertiefster Submißion
    Ew. Kayserl. Majestät
        allerunterthänigster Knecht
        D. Carl Friedrich Bahrdt.

Verweis: Recht so, Bahrdt, rufe, schreye, bitte, flehe mit Beystimmung vieler Tausend und aber
Tausend anderer, die auch so dencken, wie du, und
machet es ferner mit den schönsten Wortblumen so
rührend und beweglich als es nur möglich ist, denn
die Zeit und dringende Noth bringt es so mit sich!
Schreyet, ob es gleich noch so lästerlich klinget, daß
es der allerhöchste Richter, nicht etwa sanctus Deus,
sondern Josephus auf dem allerhöchsten Richter-
stul, weit von euch entfernet, hören und zu Herzen
nehmen muß! Saget ihm, daß noch Tausend und
aber Tausend wünschen, und sich mit euch nach Re-
forme, nach Freyheit sehnen, weil sie wohl einsehen,
daß, wenn durch eine Reformation das Kirchensystem, besonders der Protestanten ihres, welches aus
der unlautern Bibel gezogen ist, abgeschafft ist, es
hernach weit besser seyn wird, daß man in aller Frei-
heit seine in ihm von Natur liegende herrliche Anlagen zur Tugend vermehren, und die so vielen angebohrnen edlen Gefühle und Neigungen, welche
den ehrlichen Bahrdt in die Hurenhäuser trieben,
ausüben mögen, daß sie hernach nicht befürchten
dürfen, nach bibl. Kirchensystemen vom Amt abge-
setzt zu werden, wie dem armen ehrlichen Bahrdt
widerfuhr. Also kom Reform, weg Bibel! in welcher 10. verdrüßliche Gebot stehen, die nach Bahrds
                        Meynung

Rechnung ein- und untergeschoben sind, weil sie der Freyheit der Menschen, und unsers Bahrdts und seiner Glaubensbrüder ihrer, so sehr im Wege stehen. Im 2 B. Mos. 20, 14. lautet das 6te Gebot Gottes also: Du solst nicht ehebrechen. Der Herr Christus aber geht im N. T. noch weiter und spricht: Ihr habt gehört, daß zu den Alten gesagt ist: Du solst nicht ehebrechen; Ich aber sage euch: Wer ein Weib ansiehet, ihr zu begehren, der hat schon die Ehe gebrochen in seinem Herzen. Matth. 5, 27. 28. Solte diese Lehre nun nicht einen Bahrdt äuserst verdriessen? Demnach ist der HErr Christus, der König aller Könige und HErr aller Herrn selbst schuld, daß er von einem Bahrdt und von Tausend und aber Tausend andern, von seiner göttlichen Hoheit und Majestät und von allen seinen Aemtern abgesezt wird. Also wundere man sich nicht, daß Bahrdt dem HErrn Christo mit seiner Lehre, Thun und Leiden so spinnefeind ist. O Freyheit, nach welcher Bahrdt seufzet, nach seinem viehischen Trieb frey handeln zu dürfen, welche edle Gabe bist du für viehisch gesinnete!

Die Religion JEsu sprichst du, müsse in kurzem den Sieg über alle falsche Kirchen erhalten, allen Unglauben beschämen, und eine allgemeine Verbrüderung aller Religionspartheyen stiften! Ja doch, eine friedfertige Verbrüderung, wo einem jeden frey steht an die Stelle Jesu Christi sich einen Gott, Versöhner, Mittler und Fürsprecher nach seinem Gefallen zu erwehlen, er heisse gleich h. Nepomuk oder ——

Schreyet aus vollem Halse, daß noch Tausend und aber Tausend mit euch flehen, und in eure unterthänigste Bitte (so wie Frösche unter einander quarren und quacken, Off. 16, 13. 14.) einstimmen, daß doch E. K. M. mit Zuziehung der Stände des Reichs (Off. 17, 12. f.) ein Mittel ausfündig machen möchten (Ey! ist doch dieses Mittel schon vor 1700. Jahren in der Off. C. 13, 11. f. aufgezeichnet gewe-

gewesen, und dieses Mittel ist euch Feinden dieser Weissagung noch undeutlich und unbekannt? aber seyd getrost, was ihr itzo nicht wißt, daran wird euch euer Vater, Lehrmeister und Principal, der arge alte Drache, zu rechter Zeit erinnern und eingeben, ohne ins Buch zu sehen), wodurch die beyder Stützen der öffentlichen Glückseligkeit — Gewissens-Freyheit und Kirchen-Friede, (wo einem jeden überlassen wird, nach §. 5. sich GOtt und göttliche Dinge so vorzustellen, wie er sichs nach Belieben dencken will, und auch nach seinem Gefallen ein zügellos viehisch Leben, das aus dieser Lehre entspringet, führen zu dürfen) – vereiniget, und in einer ewigen Verbindung erhalten werden können! Welcher Kirchen-Friede aber nicht anders erlanget und erhalten werden könne, man habe denn nach altem papistischen und antichristischen Gebrauch und Gewohnheit denen Ketzern, die halsstarrig sich auf die Bibel, und besonders auf die Lehre JEsu Christi und seiner schwermerischen Untergesellen oder Apostel berufen, das Maul mit dem Schwerd, Feuer und mit zerschmoltzen Bley, Pech und Schwefel gestopfet. Siehe Bahrdt, wirst du dein vom Drachen dir aufgetragenes Apostelamt muthig und treulich verwalten, so kanst du gewiß versichert seyn, daß dein und deiner Glaubensbrüder und Schwestern Lohn mit euren Principalen zugleich groß seyn wird; jedoch nur im Feuer- und Schwefel-See, der euch und dem gantzen höllischen Heer und Anhang zubereitet ist, da, da hat alles Quarren und Quacken ein Ende!

Dreyeiniger GOtt, Vater, Sohn und Heiliger Geist, Dich bete ich an in dreyen Personen als einen einigen GOtt, und sage und schreibe Dir zu Benedeyung, Heil, Preiß, Weisheit, Danck, Ehre Gewalt, Ruhm, Lob, Macht, Kraft, Stärcke, Majestät und Herrlichkeit von nun an bis in Ewigkeit, Amen, Amen, Hallelujah! Amen.